entre abbayes et manoirs,
le berceau de la saga normande

La Hague.

Cherbourg

Nez de Jobourg

Barfleur

Flamanville

Sainte-Mère-Eglise

Utah beach

Le Tréport

Varengeville

Dieppe

Paluel

manoir d'Ango

Saint-Valéry-en-Caux

Fécamp

Cany-Barville

Etretat

Seine-Maritime

Caudebec-en-Caux

Saint-Wandrille

Le Havre

Tancarville

Jumièges

Rouen

Pont de Brotonne

Omaha Beach

Arromanches

gold

juno

Riva Bella
Ouistreham

Pegasus bridge

Dives-sur-Mer
Houlgate

Deauville
Trouville

Honfleur

Equemauville

Bayeux

Creully

Bénouville

Caen.

Ballerov

Lessay

Saint-Lô

Coutances

Manche

Calvados

Cricqueville-en-Auge

Lisieux

Bec Hellouin

la Seine

Gisors

Louviers

Les Andelys

Gaillon

Château-Gaillard

Vernon

La Roche-Guyon

Giverny

Evreux

l'Eure

Cerisy-la-Forêt

Beaumesnil

Livarot

Villedieu-les-Poêles

Vire

Falaise

Vimoutiers

Eure

iles Chausey

Camembert

Argentan

Haras du Pin

l'Aigle

Mont Saint-Michel

Château d'O

Orne

Tessé la Madeleine

Bagnoles-de-l'Orne

Carrouges

Alençon

Saint-Ceneri

jean-paul caracalla

introduction

malcolm forbes

Diaf.

Prix de la
**REINE
MATHILDE**

Achevé d'imprimer en septembre 1991

pour le compte des Editions IMAGE/MAGIE
13, Square Henry Paté, 75016 PARIS

sur les presses de l'imprimerie
Grafiche ALMA, Milan, ITALIE

création
jean paul mengès

image
magie

normandie

entre abbayes et manoirs,
le berceau de la saga normande

Ont collaboré à l'illustration de cet ouvrage :
Gustave Biollay
Hervé Ghyssels
Jean-Pierre Langeland
Thierry Leconte
Bernard Régent
et
Bruno Barbier
Philippe Dannic
Jean-Luc Drouin
Jean Gabanou
Marc Grenet
Natacha Hochman
Thomas Jullien
Jacques et Philippe Kérébel
Yves Libergé
Jean-Christophe Pratt et Doris Pries
Roger Rozencwajg
Daniel Thierry

**de l'agence d'illustration photographique
DIAF**

30 Rue Vieille du Temple — 75004 Paris.

Les autres photographies proviennent des photothèques de :

SODEL (EDF) : P. Bérenger, M. Brigaud, M. Crépin
TOTAL : M. Ancelot, Philippe Lorho
S.E.P. Vernon
COGEMA
M. Jacques Pougheol, inspecteur des musées
contrôlés du Calvados
Patrick Rougereau
Bureau international de publicité hippique, Chantilly
Studio M.S. Le Havre
Société des Hôtels et du Casino de Deauville
L'Editeur (clichés Jean-Paul Mengès)

Jean-Paul Caracalla, secrétaire général du Prix des Deux-Magots et du Prix Paul Léautaud, directeur de la « Revue des Voyages » (1956/1970), directeur de Connaissance des Voyages (1970/1973), a publié :
— Voyages (Orban, 1981)
  et en collaboration avec Jean des Cars, chez Denoel :
— L'Orient-Express, 1984. (ouvrage couronné par l'Académie française)
— Le Transsibérien, 1986
— Le Train Bleu, 1988

L'éditeur tient à remercier très vivement, pour leur aide active et leur soutien efficace :

Le Conseil Régional de Haute Normandie

Le Conseil Régional de Basse Normandie
Le Conseil général du Calvados
Le Conseil général de l'Orne

Textes de Jean Paul Caracalla

Choix iconographique : Jean-Paul Mengès, assisté de Frédéric et Pauline Debode. Mise en page et maquette : Jean-Paul Mengès, assisté de Marc Dumaine et Gilberto Brun
Photogravure : Graficolor, Milan
Photocomposition : Zoom Compo, Montrouge
Phototitrage : Typophot, Paris

Introduction

Une des joies les plus grandes et les plus durables de mon existence a été et demeure d'avoir rendu la vie au château de Balleroy, ce joyau de l'architecture française, en pays normand. Beaucoup considèrent Balleroy comme l'un des plus beaux chefs-d'œuvre de François Mansart. Le château est magnifique, sans être colossal, imposant sans trace de prétention. Son cadre est spectaculaire, sans être immense. C'est un lieu exquis pour vivre captif des charmes de ce terroir, sans exiger un personnel d'entretien excessif.

Chaleureux, sans austérité, amical sans ostentation ; un modèle de vertu en matière de châteaux !

Mais Balleroy, c'est aussi un splendide exemple de l'infinie sagesse dont la France a su s'inspirer dans sa législation pour la préservation des *Monuments Historiques*. L'architecture, à l'instar des autres arts, est le patrimoine légué à une nation par les efforts, le génie, l'argent et les sacrifices des générations précédentes.

Tout être sensé ne peut que souscrire à la volonté de chaque nation de protéger ses plus beaux monuments historiques de l'abandon, de la négligence, grâce aux efforts de ses compatriotes ou — assurément, d'étrangers. Mais aucun pays, mieux que la France, ne s'est doté d'une législation propre à atteindre cet objectif essentiel.

Depuis que ma famille et moi avons la joie d'être propriétaires de Balleroy, les Forbes ont dépensé des millions de francs pour restaurer ce château. Cet effort est peu visible à l'intérieur, et pratiquement pas du tout à l'extérieur.

Le château de Balleroy est, en Normandie, l'un de ces monuments qui reflètent à merveille cette qualité de civilisation intensément prévoyante dont le monde entier est si redevable à la France.

Malcolm S. Forbes

Préface

1

L es premiers « Northmen », ces hommes qui, au début du IXe siècle débarquent en baie de Seine, donnent le nom de Normandie à cette partie de la Gaule. Les Vikings, comme on les appelle généralement, viennent du Danemark et de la Norvège. Le monde entier se fait l'écho de leurs exploits. Quel motif donner à leur attirance pour ces côtes ? Leurs terres sont pauvres certes, mais l'envie des richesses de la Neustrie est-elle la raison majeure qui les pousse à conquérir ces fertiles contrées ? Sont-ils à ce point influencés par les héros de légende de leurs sagas ? Marins audacieux, pillards sans foi ni loi, ils débarquent sur les côtes de France au cours du IXe siècle pour de sanglantes expéditions à bord de leurs « drakkars », navires qui résistent aux plus méchantes tempêtes. On peut voir sur la Tapisserie de Bayeux, cette bande dessinée du Moyen Age, les dragons sculptés de la proue et de la poupe de leurs embarcations.

En 1904, le professeur Gustafson de l'Université d'Oslo, découvre l'un de ces bateaux : 22 mètres de long, 5 mètres dans sa plus grande largeur, il est construit en bois de chêne et ponté de planches de pin. 30 postes d'aviron sont relevés. Son mât, qui n'a pas été conservé, est évalué à 13 mètres de hauteur. La légèreté, la souplesse ainsi que le faible tirant d'eau de ces navires, permettent aux Vikings de remonter des rivières comme la Seine. A chaque expédition, ils pénètrent un peu plus profondément et sèment partout la terreur, le pillage, le viol et la mort.

Les hommes de l'âge de bronze, experts dans l'art de fusionner le cuivre et l'étain, les avaient précédés dans la vallée de la Seine. Attirés par les fabuleuses richesses d'étain des îles Cassitérides, vraisemblablement les îles Sorlingues, ce petit archipel anglais situé entre l'entrée de la Manche et celle du canal de Bristol. Les tribus celtes de la Gaule s'y fixent assez longtemps pour donner leurs noms aux « pays » de Normandie : Véliocasses dans le Vexin, Bajocasses à Bayeux, Calètes au pays cauchois, Lexoviens à Lisieux, Eburovices à Evreux, Viducasses à Caen, Abrincates dans l'Avranchin, Esuviens à Sées, Unelles dans la presqu'île du Cotentin.

Les Gaulois, soldats-laboureurs, se fixent dans cette région limitée au Nord par la Manche, à l'Ouest par l'Atlantique, au sud par le Perche, le Maine et un morceau de Bretagne, à l'Est par l'Ile-de-France et la Picardie. N'ayant pu réussir leur unité, ils seront défaits, malgré leur résistance héroïque, par Titurius Sabinus, à la tête des légions de César en 56 avant J.C.

Installés pendant quatre siècles dans la région, les Romains laisseront les traces de leur occupation : temples, théâtre, voies romaines pavées, bordées d'arbres, ancêtres des pittoresques routes de Normandie.

Après le culte des dieux gaulois auquel se mêlait celui d'Auguste, le christianisme va pénétrer et s'imposer en Normandie. La constitution des évêchés de Rouen, Lisieux, Evreux, Bayeux, Avranches, Sées et Coutances, le baptême de Clovis par Rémi, archevêque de Reims, le 25 décembre 498 (?), montrent bien que la France est entrée dans le giron de l'Eglise catholique, apostolique et romaine. C'est alors que va se développer une extraordinaire fièvre de construction de riches abbayes et d'églises : Jumièges, Saint-Wandrille, Saint-Michel du Mont... dont certaines devaient connaître à partir de 785, la rage dévastatrice des Northmen, ces hommes venus du froid, qui vont saccager le littoral, de l'embouchure de la Bresle à la pointe de Barfleur et prendre la fâcheuse habitude de pénétrer davantage, à chaque expédition, dans la région pour y semer la ruine et la mort.

Les Francs, enfin unis autour de leur souverain Charles-le-Simple, décident de mettre fin aux ravages des Vikings. Les envahisseurs de leur côté se donnent un chef en la personne d'un banni de Norvège qui a fait main basse sur les régions du Sud de la vallée de la Seine. Ce Rou, ou Rollon ne se contente pas de cette conquête, il forme d'autres projets ravageurs. Mais là où les commandos Vikings sont dangereux, leur rassemblement semble moins efficace et lorsque Rollon à la tête de ses hommes décide d'anéantir Chartres, il subit un cuisant échec devant les troupes de Charles-le-Simple. Rollon aurait perdu près de 6 000 hommes dans la bataille, ce qui calme ses ardeurs guerrières et l'incite à revenir dans ce Val de Seine où, décidément il fait bon vivre pour un Normand. Pour cette raison, pourquoi ne pas répondre favorablement à Witton, l'archevêque de Rouen, qui l'invite à rencontrer le roi des Francs pour négocier enfin un accord de paix ? La rencontre est fixée à mi-chemin de la route Rouen-Paris, à Saint-Clair-sur-Epte, dont la rivière limite les positions de chacun. C'est ainsi qu'un jour de 911, Rollon, chef des Normands scelle par une simple tape dans la main de Charles-le-Simple, la création officielle de la Normandie. Bien que rien ne permette d'affirmer que cela s'est passé ainsi, on peut l'imaginer, car les Normands n'étaient pas hommes à s'embarrasser de parchemins et, comme deux fermiers qui se mettent d'accord sur l'achat d'une prairie en se disant « topez-là », les deux chefs de guerre mettent fin à leurs conflits et, par ce geste, donnent naissance au pays normand.

L'accord est assorti de deux conditions : l'annexion du territoire qui ne représente que la moitié de l'actuelle Normandie et le baptême obligatoire de Rollon. Si ce dernier accepte de n'occuper qu'une si petite partie du pays, c'est qu'il sait bien qu'elle lui servira de base de départ pour de nouvelles conquêtes.

Rollon s'assagit ; baptisé à Rouen en 912 sous le nom de Robert, il décide de restaurer les abbayes dévastées, d'aménager des ports, de donner aux villes et aux villages des noms qui évoquent sa Scandinavie natale : noms se terminant par bec (ruisseau) par fleur (fjord) par beuf (demeure) etc. Les Normands adoptent la langue romane, épousent les filles du pays et en quelque sorte s'embourgeoisent. Mais bientôt se réveillera, sous l'impulsion de Guillaume, fils de Robert le Diable, leur instinct de conquête qui les poussera vers d'autres rivages à bord de leurs drakkars légendaires.

Ainsi le sang de Rollon, premier duc de Normandie, fondateur de la dynastie des Robert, coule dans les veines de Guillaume surnommé le Batard. Son père, le duc Robert, amoureux de la petite Arlette, fille d'un peaussier de Falaise, a trahi son rang en l'épousant. Guillaume est né de leur union. Ses barons ignorent son autorité, mais en épousant Mathilde de Flandres, fille du comte Baudouin V, il va affermir sa souveraineté. Lorsque le comte anglo-saxon Harold s'empare de la couronne d'Angleterre, alors qu'elle lui revenait de droit, Guillaume réunit une flotte importante à Saint-Valéry-sur-Somme et s'embarque le 23 septembre 1066 pour reprendre le royaume que son cousin Edouard le Confesseur lui a légué.

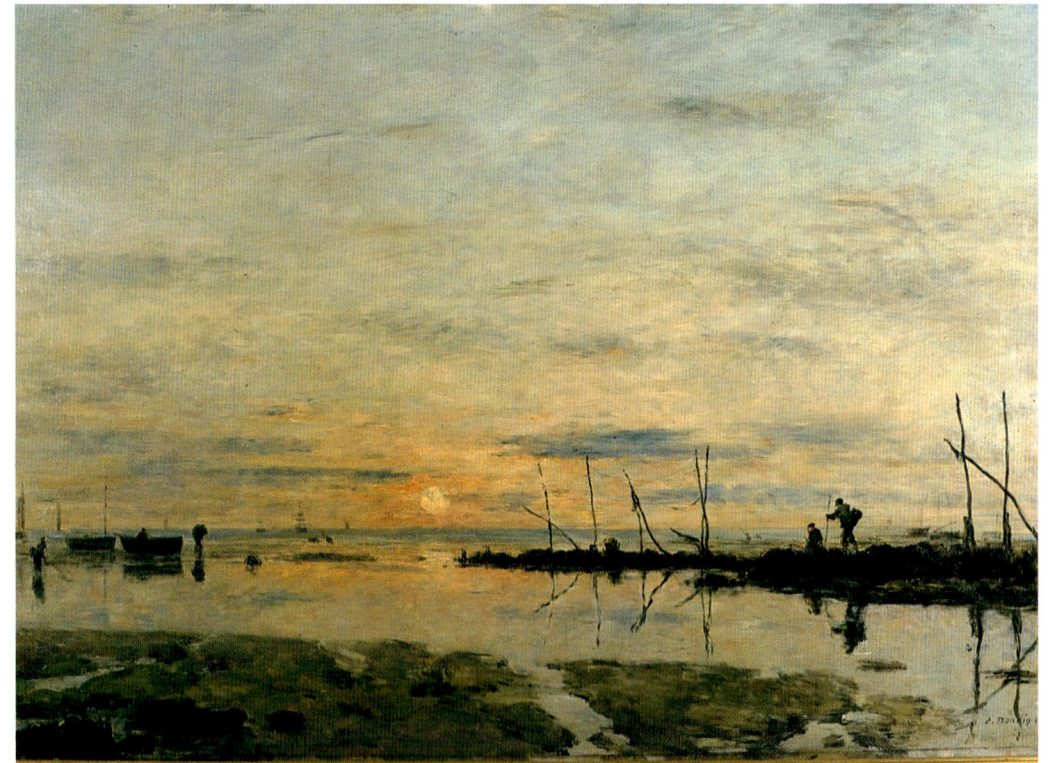

Victorieux à Hasting, il sera le jour de Noël, couronné en l'abbaye de Westminster. Guillaume le Batard devient Guillaume le Conquérant.
Il se montre un excellent administrateur et parvient à inclure l'Angleterre dans la zone de civilisation française. De ce fait, il réhausse son prestige dans son duché.
Blessé à Mantes au cours d'un combat suscité par un incident frontalier, il meurt à Rouen et, selon son vœu, est inhumé en l'église abbatiale Saint-Etienne de Caen.

3

Plus chevalier aquitain que roi anglais, Richard 1er est un conquérant.
Après un séjour en Sicile, il part à la conquête de Chypre puis débarque en Palestine pour s'emparer de Saint-Jean-d'Acre.
Richard Cœur de Lion semble invincible, ses succès militaires lui donnent une arrogance qui lui vaut bien des ennemis. Il quitte la Palestine

en 1192 et, de retour en France, part à la recherche d'un hypothétique trésor dans le Limousin pour redorer ses finances.
En menant l'assaut du château de Châlus, il est blessé à mort. Poète reconnu, il est l'auteur de la célèbre « Rotrouenge du captif ». Rien n'arrête les Normands dans leur désir de conquête, et si les premiers qui arrivent en Italie sont des mercenaires, d'autres ont de hautes ambitions. Ainsi les fils du seigneur Tancrède de Hauteville, un petit baron des environs de Coutances, profitent de l'émiettement politique du Sud pour détrôner les dynasties locales. Chassant les Grecs, bataillant contre les papes et luttant contre les visées impériales allemandes, ils s'imposent dans les Pouilles et

4

en Sicile. Ils se proclament comtes, ducs, rois... les Guillaume Bras de Fer, Dreu, Onfroi et surtout Robert Guiscard, qui chasse les musulmans de Sicile et se couronne roi. La Sicile très prospère est la principale escale de la navigation méditerranéenne et la plaque tournante du commerce avec l'Orient. Véritables fondateurs de l'Etat normand de la Méditerranée, Robert et son frère cadet Roger sont des princes très puissants de la Chrétienté. Roger II qui leur succède régnera avec faste et magnificence. C'est en 1265, avec la mort de Manfred, que s'éteindra la dynastie normande de la Sicile.

5

Heurs et malheurs de la Normandie ! Peut-on conter par le menu sa longue histoire ? Celle de ses héros, celle de ses martyrs ! Comment ne pas ressentir la petite angoisse qui nous étreignait lorsque nous lisions, dans notre manuel d'Histoire d'écolier, ce qui se passa à Rouen ce 30 mai 1431 ? Ce jour-là, au petit matin, l'évêque Cauchon revient pour la dernière fois dans la cellule de Jeanne pour ordonner à ses geôliers de la conduire place du Vieux Marché, coiffée d'une mitre portant les mots : hérétique, relapse, apostate, idolâtre. Plusieurs milliers de Rouennais vont assister au supplice de Jeanne, coupable d'avoir combattu pour sa foi et son roi. Le forfait ne reste pas sans suite, dès que la nouvelle se répand dans les « pays » : Perche, Cauchois, Cotentin, Vire, les Normands se soulèvent pour bouter l'ennemi et réintégrer la Normandie dans le Royaume de France.

Jean Ango, le riche armateur, n'est-il pas, à sa façon, un nouveau Viking ? Il naît à Dieppe en 1480, on le surnomme « l'amiral de Normandie ». C'est lui qui finance les expéditions de Fleury, ce marin d'Honfleur qui s'empare de l'escadre espagnole pour lui ravir les trésors qu'elle ramène du Mexique ; de Verrazano, l'extraordinaire Florentin qui de Madère en Floride et de Rhodes à Terre-Neuve voguera sur toutes les mers jusqu'à découvrir Manhattan avant d'être dévoré par les sauvages d'Amérique du Sud ; des frères Parmentier qui pousseront jusqu'à Madagascar et Sumatra... Ango, malgré la flibuste, meurt ruiné. Témoin de sa splendeur : son manoir près de Varengeville et son colombier de briques rouges et noires, joyau de la Renaissance normande.

*

* *

6

Au cours des siècles, marins Dieppois, Havrais et Honfleurais sillonnent les mers : Jean Denis explore l'embouchure du Saint-Laurent, l'amiral de Villegaignon établit une colonie de Huguenots havrais dans une île de la baie de Rio ; Champlain part de Honfleur et fonde le Canada, plus de 4 000 paysans s'y établissent et constituent une véritable colonie normande ; Pierre Belain d'Esnambuc s'empare de la Martinique et de la Guadeloupe au nom de la Couronne de France ; le Rouennais Cavelier de la Salle descend le Mississipi et prend possession de la Louisiane...

*

*   *

Des reconnaissances guerrières des Vikings aux découvertes et colonisations diverses, l'épopée normande foisonne de récits des plus passionnantes aventures. Ce cosmopolitisme sans égal confère, encore aujourd'hui aux Normands une considération mondiale.

Au XIXe et XXe siècles, ce sera aux artistes normands de faire d'autres découvertes : peintres, écrivains, musiciens, à leur tour, vont se manifester, et la révélation de leur talent bouleversera le monde des arts. Eugène Boudin étonne Courbet avec ses ciels diaphanes ; autre grand artiste normand, Jean-François Millet suscite les débuts prometteurs d'un jeune peintre néerlandais nommé Vincent Van Gogh ; une œuvre de Claude Monet donne son nom au plus révolutionnaire mouvement pictural de la fin du XIXe siècle : l'Impressionnisme ; Daubigny, Corot, Jongkind se retrouvent à la ferme Saint-Siméon sur la côte de Grâce où les accueille la mère Toutain.

Plus tard les Havrais Dufy et Friesz seront rejoints par Van Dongen, Marquet et Braque séduits par la transparence de la lumière des ports et des plages. Comme les peintres, les écrivains normands : Barbey d'Aurévilly, Flaubert, Maxime du Camp, Maupassant nourrissent leurs ouvrages de leur terre natale. Le musicien Albert Roussel écrira la plupart de ses œuvres dans sa maison de Vasterival près de Dieppe et Claude Debussy sera aussi attentif aux mouvements de la mer que Claude Monet le sera à ceux de la lumière sur la façade de la cathédrale de Rouen.

*

*   *

7

Etrange destin de cette côte normande ! Pendant des siècles, ceux qui venaient de la mer furent ses irréductibles ennemis. Ceux qui, vont débarquer ce jour de juin 1944, à bord d'une formidable armada de plus de quatre mille navires, sont des amis qui viennent d'Angleterre pour libérer le sol de France. Ainsi va la marche de l'Histoire. Près de neuf siècles plus tôt, Guillaume de Normandie, le Conquérant, faisait le chemin en sens inverse... Mais ne partons pas à la recherche de ce temps perdu ; tant qu'il y aura des jeunes filles en fleurs sur les plages normandes, chacun de nous reprendra le chemin de son Balbec...

*

*   *

8

haute
normandie

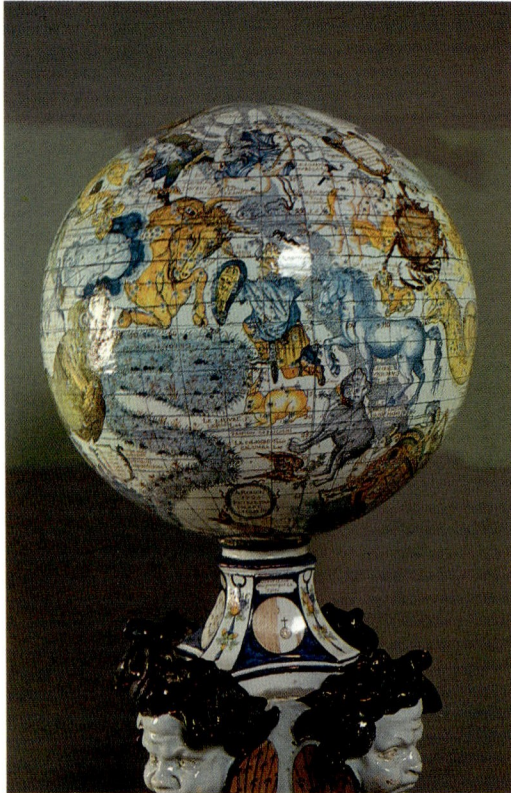

seine
maritime

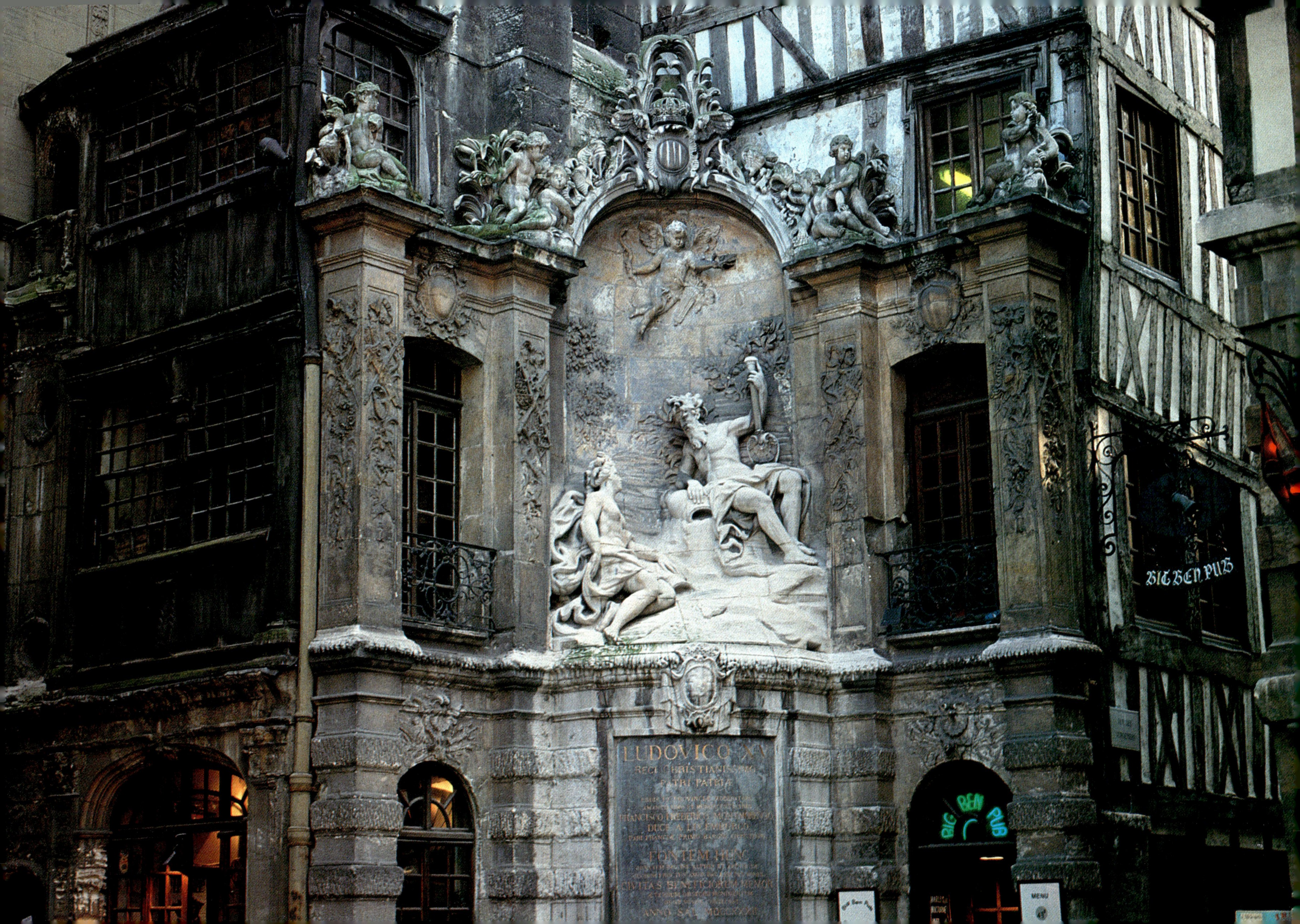
LUDOVICO XV
FONTEM HUNC
BIG BEN PUB

eure

eure

95
96

97

seine-maritime

– 1/5.

C'est en 1061 que le Normand Robert Guiscard conquiert Messine, depuis son fief de Calabre avec l'aide de son frère Roger. Il le fera comte de Sicile en 1072, et ce dernier achèvera la conquête de l'île en 1091.
C'est Roger II qui reconstruira l'antique cité de Cefalù, dont le fleuron, la cathédrale, fut édifiée à partir de 1131. Ses tours crénelées lui donnent une allure de forteresse romane, qui rappelle leur lointaine patrie normande.
Quant à la cathédrale de Monreale, elle fut aussi bâtie à l'instigation d'un roi Normand, Guillaume II. Le cloître du monastère bénédictin qui la jouxte marie l'art roman et les décorations mauresques.

– 3/4/6/7/8.

Les Impressionistes ont découvert avec bonheur l'indicible lumière de l'estuaire de la Seine. Certaines de leurs toiles, parmi les plus belles, sont conservées au musée des Beaux Arts-André Malraux, au Havre.

– 11/15/18/20/22/23/25/29 à 41/47.

Rouen n'est pas seulement entré dans l'Histoire ce mercredi 30 mai 1431 où, Jeanne d'Arc, revêtue d'une tunique de toile écrue et soufrée, coiffée d'une mitre portant les mots : hérétique, relapse, apostate, idolâtre, sera conduite place du Vieux Marché pour y subir son martyre.
Rouen, c'est la première capitale de ce duché que Rollon agrandira, embellira, avec cet instinct de bâtir qui animera, au cours de l'Histoire, les ducs de Normandie, avec autant de passion que leurs ancêtres ont mis à ravager les bords de Seine avant d'y faire souche. Celle que l'on surnommait « la ville aux cent clochers » a su, malgré les guerres, sauver de nombreux témoins de son histoire. Le dernier conflit a particulièrement meurtri la ville admirée par Flaubert, Alain, La Varende...
9 500 maisons furent brûlées, dont la plupart étaient d'anciennes demeures à colombages.
Rouen a souffert de la guerre que se sont livrés ses amis et ses ennemis ; leurs bombardements furent aussi néfastes pour elle.
De ce fait, la cathédrale Notre-Dame s'est trouvée dégagée et, si cela ne correspond pas à l'idée de ses constructeurs du XIIe et XIIIe siècles, qui tenaient à ce que les structures extérieures, qui étayent l'édifice, se mêlent aux maisons qui l'entourent. Il n'en va pas de même pour ceux qui veulent admirer à leur aise l'immense vaisseau de pierre et son portail avec cette assemblée de statues qui vous accueille. Ses deux tours : l'une de Saint Romain, à la base sobre qui s'élève en se ciselant, l'autre, dite tour du Beurre (édifiée grâce aux aumônes des goinfres qui ne savaient pas manger leur pain sec pendant le carême,) est une tour rectangle, chef-d'œuvre d'une architecture hardie dont les statues qui ornent son sommet, loin de l'écraser lui donnent un élan vers le ciel. La rose de la façade de la cour des libraires a été rénovée. Superbe, au dessus du portail richement sculpté, c'est l'un des joyaux de la cathédrale mutilée qui a toujours résisté aux guerres successives.
On ne peut décrire toutes les merveilles que recèle la somptueuse cathédrale, son élévation domine le paysage urbain de Rouen, comme un axe autour duquel toute la ville semble s'ordonner. Dans son déambulatoire, sont réunis les gisants de : Rollon, fondateur de la Normandie, (baptisé ici-même sous le nom de Robert), de Richard-Cœur-de-Lion, de Henri-le-Jeune et de Guillaume-Longue-Epée, duc de Normandie, fils de Rollon.
Claude Monet a voulu en saisir la couleur à toutes les heures du jour. La lumière qui s'accroche dans les plis de pierre de Notre-Dame comme une poussière d'or au lever du jour, se transforme au soleil couchant en un voile mauve qui recouvre l'édifice et lui enlève ce scintillement qui tremble au soleil. Exercice de haut vol, hommage à la lumière que reflète le symbole de la foi.
Les différents éléments disparates qui s'assemblent pour former le Gros Horloge sont de si belle qualité, qu'ils donnent une impression de grande homogénéité.

A l'intérieur du beffroi la cloche Cache-Ribaud (ou Rigaud) date du XIVᵉ siècle. Monument le plus photographié de Rouen, il relie la place du Vieux Marché à la cathédrale. On dit que l'horloge serait la plus ancienne du monde. son aiguille unique indique les heures. Un semainier, les signes du zodiaque, forme un ensemble sculpté et peint d'une rare beauté. L'intérieur de Saint-Ouen, ancienne abbatiale du XIXᵉ siècle est d'une sévère élévation. Ses proportions parfaites, son unité architecturale, donnent un bel exemple du gothique français. Sur la rive droite de la Seine, le vieux Rouen est un secteur sauvegardé. Ce qui a pu être sauvé après la guerre mérite d'être protégé et conservé comme les pièces précieuses d'un musée. Plus de 700 maisons anciennes ont été restaurées, comme ce superbe Hôtel d'Etancourt du XVIIᵉ siècle à la façade ornée de statues, une des perles de la rue d'Amiens.

Rouen est le quatrième port français. Entre la Manche et Paris, il titre un bénéfice évident de sa situation privilégiée. Une industrie portuaire s'est constituée au cours des années et de nombreuses usines et raffineries se sont implantées aux environs. Des travaux considérables permettent aux cargos de remonter la Seine jusqu'au port de Rouen, où le pont Guillaume-le-Conquérant borne le trafic maritime.
Rouen, ville-musée, oui mais aussi ville de musées. Le Musée des Beaux-Arts de la ville possède des tableaux de primitifs italiens,

de peintres espagnols, hollandais et flamands mais aussi une belle collection d'impressionnistes. Une importante série de portraits d'écrivains récemment disparus par Jacques-Emile Blanche : Cocteau, Mauriac, Giraudoux, Claudel, Bergson, Gide... Belles salles de faïences de Rouen du XVIᵉ au XVIIIᵉ siècle ainsi que des productions étrangères. Citons encore le Musée Le Secq des Tournelles consacré à la ferronnerie, le Musée Jeanne d'Arc et son imagerie populaire. Le musée Corneille, la maison natale du grand tragique, le musée Flaubert avec de précieux souvenirs de l'écrivain, le musée des Antiquités de la Seine-Maritime, installé dans un ancien couvent du XVIIᵉ siècle qui abrite des collections de la préhistoire au XIXᵉ siècle, le Museum d'Histoire Naturelle, d'Ethnographie et de Préhistoire avec reconstitution de la vie des animaux. Dans un ancien collège de jésuites des XVIIᵉ et XVIIIᵉ siècles, le lycée Corneille a vu passer sur ses bancs Corot, Flaubert, Maupassant, Maurois, qui suivit l'enseignement d'Alain... Le musée de la céramique, présente de beaux exemples des diverses écoles de faïence de Bernard Palissy aux porcelaines chinoises. On peut y voir cette sphère céleste de Pierre Chapelle, le célèbre faïencier français établi à Rouen (1684-1760) qui réalisa ce petit chef-d'œuvre en 1725.
A deux pas du Gros-Horloge, cette élégante fontaine Louis XV s'appuie sur un charmant pavillon Renaissance. Rouen semble trouver

son unité dans la confusion des genres et des styles.
Le palais de Justice de Rouen dont l'architecture a été maintes fois remaniée et restaurée, garde toujours équilibre et élégance. Construit au début du XVIᵉ siècle, il était le siège de l'échiquier de Normandie. Corneille y plaida. On dit parfois (mais ce sont les mauvaises langues) que l'édifice est à la mesure de l'esprit chicanier des Normands !

— 12.

Détruit au XVᵉ siècle par les Français qui ne voulaient pas le laisser aux mains des Anglais, le château de Robert-le-Diable porte le nom d'un personnage mythique, vaguement inspiré de Robert-le-Magnifique, fils de Richard II. De cette forteresse la vue sur la vallée de la Seine est superbe. Un parc d'attractions est aménagé sur le terre-plein près des ruines dans lesquelles un musée de cires est à visiter.

— 27.

A l'endroit même où Gustave Courbet peint en 1870 son célèbre tableau « La falaise d'Etretat après l'orage », l'objectif du photographe, un siècle plus tard, a saisi le même motif... avant l'orage.
A Etretat, comme ailleurs, la pêche hauturière se meurt lentement. Le petit port, mis à la mode par les peintres et les écrivains du XIXᵉ siècle, voit peu à peu les bateaux de

plaisance remplacer les chalutiers. En revanche, la pêche côtière est redevenue florissante, avec l'installation d'usines de congélation, notamment à Fécamp. Pour les pêcheurs, c'est l'objet de longues conversations qui animent les séances de remmaillage des filets.

— 26/28.

Caractéristique de la Haute Normandie, le Pays de Caux est moins divers que les autres régions normandes. Entre la Bresle et la Seine, le plateau est homogène en dehors de la faille du Pays de Bray. Les fermes, dans leur touffe d'arbres, sont closes. Le Cauchois est plus fermé que l'Augeron, le Manchot ou le Bajocasse, il conserve une certaine réserve faite de dignité qui tient sans doute à son terroir plus rude.

— 24.

La centrale nucléaire de Paluel, mise en service en 1985 a une puissance de 1 300 000 Kw. L'uranium enrichi est utilisé comme combustible, le refroidissement étant effectué par l'eau de mer.

— 48.

La jetée du Tréport, face au rempart de craie qui tombe à pic dans la mer. Derrière cette défense naturelle, le pays de Caux s'étend avec ses forêts et ses rivières. Le petit port de pêche du Tréport est plus connu comme station balnéaire. Louis Philippe, en construisant la première villa, donna ses lettres de noblesse à la station. Le Calvaire des Terrasses offre un superbe panorama sur les falaises crayeuses.

— 46.

Le Wind Song, au large du Havre. Sistership du Wind Star et du Wind Spirit, construit par les Ateliers et Chantiers du Havre, il est le premier paquebot à voiles, à emmener 170 passagers en croisière. Les 5 voiles d'étai et la voile d'artimon, à enrouleurs électro-hydrauliques, sont réglées par ordinateur. Ces trois paquebots inaugurent une formule d'avenir : leur vitesse peut atteindre 15 nœuds sous voiles. (studio Michel Sieurin Le Havre)

— 50/51

Le château de Dieppe, forte bâtisse du XVe siècle, a de curieuses murailles de pierre, de briques et de silex. Dans cette forteresse, on ne s'attend certes pas à trouver des boiseries raffinées qui datent des anciens appartements royaux. Aujourd'hui musée, on peut y voir des maquettes de navires du XVIIIe et XIXe siècles, des cartes, des instruments de navigation et des poteries précolombiennes. Près de Dieppe, à Varengeville, Georges Braque est à l'honneur : une salle entière est consacrée à son œuvre lithographique.

— 13/49/53 à 58/

A Fécamp, les écrivains du cru sont honorés : quai Guy de Maupassant, qui situa ici la Maison Tellier, une avenue Jean Lorrain, le dandy pervers, bien peu lu aujourd'hui... Si Fécamp a abandonné la pêche à la morue, elle a conservé la Bénédictine, cette liqueur mondialement réputée, dont le secret de fabrication, perdu à la Révolution, a été redécouvert par Alexandre Legrand, (une conquête plus pacifique que celles de son homonyme le roi de Macédoine) Un musée dans l'ancienne distillerie du XIXe siècle, renferme des collections plus authentiques que l'architecture néo-gothique de l'abbaye. L'église de la Trinité de style gothique primitif normand renferme les tombeaux de Richard 1er et Richard II, ainsi que ce groupe représentant la dormition de la Vierge, de la fin du XVe siècle.

... Les grandes arcades d'Etretat pareilles à deux jambes de la falaise marchant dans la mer, hautes à servir d'arche à des navires, tandis qu'une aiguille blanche et pointue se dressait devant la première, observe Maupassant qui passa son enfance ici, avant d'entrer au collège religieux d'Yvetot. Maurice Leblanc, le père d'Arsène Lupin, situa son roman « L'aiguille creuse » (1909) à Etretat, Alphonse Karr mit à la mode la station balnéaire. Courbet et Isabey aimaient à peindre les barques échouées sur la

grève et les ciels changeants au-dessus des falaises.

L'ensemble étincelant des arches et des tourelles, la Grande Aiguille, la Chambre des Demoiselles, guilloché et battu par les vagues, est un spectacle éblouissant. Aux beaux jours, les oiseaux blancs qui tourbillonnent au-dessus de l'Aiguille ajoutent à la féerie. On pense à « La Mer » de Claude Debussy, ces trois esquisses symphoniques dont les accents pourraient accompagner cet ensemble de pierre et d'eau.

— 60/61.

Le château de Cany est une hautaine demeure Louis XIV. Entouré de douves, l'édifice de pierres et de briques est imposant. Les façades ont été rénovées en 1830, mais ces restaurations n'ont pas altéré l'allure majestueuse du château. Dans les appartements, le beau mobilier des XVIIᵉ et XVIIIᵉ n'a jamais bougé ; la même famille est propriétaire des lieux depuis le XVIIᵉ siècle.

— 65.

Dans son parc aux parterres ornés de statues, le château de Bailleul est un édifice original du XVIᵉ siècle. L'étonnant contraste entre ses façades latérales aveugles et celle richement décorée qui accueille le visiteur surprend. Ce souvenir du Moyen Age et de la Renaissance n'est pas le seul intérêt que présente cette jolie

demeure ; à l'intérieur de beaux meubles, des tapisseries, des tableaux et de riches objets d'art méritent la promenade au départ de Fécamp.

— 64/ gardes début.

Si Varengeville a donné à son église la plus belle vue maritime, le manoir d'Ango a pour lui l'architecture la plus originale que l'on puisse trouver dans la région. Dans un site champêtre, cette belle demeure Renaissance a été la résidence de Jean Ango, le célèbre armateur, qui y reçut François 1ᵉʳ. L'imposant colombier seigneurial est revêtu d'incrustations ocres roses et noires et coiffé d'une grosse cloche qui lui donne un style un peu oriental.

— 9/67.

Un peu écrasé par cet immense arc de triomphe que représente le pont de Tancarville, le château construit sur une falaise peu avant l'estuaire de la Seine est un édifice féodal dont certaines parties remontent au Xᵉ siècle. Le point de vue du château est certainement le plus beau panorama que l'on puisse voir sur la rive droite de la Seine-Maritime. Raoul de Tancarville, chambellan de Guillaume le Conquérant donna de l'importance à ce château qui commandait l'embouchure de la Seine. Il ne reste de la forteresse que la tour de l'Aigle ainsi

qu'un château du XVIIIᵉ.

— 69.

Ce qui caractérise le château de Martainville, c'est sa tour centrale de composition rare. Le puissant édifice de la Renaissance cerné de tours et de cheminées de briques à décor gothique est une demeure originale dont l'intérieur conserve encore une bonne partie de sa structure initiale. On peut y admirer des meubles, des coffres gothiques ainsi que des grès, des poteries, des étains et des cuivres régionaux.

— 70.

Le pont de Brotonne, audacieuse réalisation d'une longueur de 1280 mètres a été inauguré en 1977. Il enjambe la Seine à 50 mètres au dessus du fleuve et relie Caudebec à la forêt de Brotonne, parc naturel régional de 12000 hectares.

— 68.

Mesnières-en-Bray est certainement le plus beau château du pays de Bray, certains disent même de Normandie ! Orné de puissantes tours à mâchicoulis, il se donne des allures militaires, mais cela n'est que parade. C'est sans doute ce qui fait dire à La Varende : « *si l'on veut parler Renaissance en Normandie, alors citons Bailleul et laissons Mesnières à l'emphase de ses mâchicoulis »* Aujourd'hui c'est un centre d'enseignement agricole. Ce beau château fut commencé par Louis de Boissay, il évoque Chaumont-sur-Loire par la majesté. Un des côtés du quadrilatère a été remplacé par un escalier monumental qui donne accès à la cour d'honneur. Le corps du logis principal contraste avec l'extérieur car il évoque le style classique. La galerie des cerfs montre des animaux sculptés dont les bois sont naturels. De nombreux autres bâtiments sont à visiter, comme cette chapelle seigneuriale du XVIe siècle ornée de boiseries et de statues.

— 71.

De l'abbaye de Boscherville, il ne reste que l'église du XIIe siècle, miraculeusement conservée. La tour centrale est majestueuse, ce qui rend un peu anachronique les deux petites tourelles ajoutées au XIIIe siècle. L'intérieur est imposant, avec cette dignité romane faite de simplicité et de ferveur. La nef est un grand vaisseau dont la nudité austère doit inspirer la prière. Rien ne vient distraire l'œil des fidèles dans ce lieu voué à la méditation. La petite salle capitulaire de style gothique semble un joyau à côté de la grande nef déserte de Saint-Georges.

— 72

Les ruines de l'abbaye bénédictine de Jumièges, conservent encore l'esprit de mysticisme et la sévère grandeur qui ont présidé à sa construction au Xe siècle. Enserrée dans une boucle de la Seine, près de la forêt, le cadre de ces énormes carcasses de pierre, donne une troublante émotion. L'imagination peut reconstituer l'ensemble gigantesque : les tribunes, la nef, le transept, le chœur, les galeries du cloître, avec ce qui demeure de sa détresse.

Saint Philibert, ancien courtisan du roi, décide en l'an 654 de consacrer sa vie à Dieu. Il fonde le monastère qui sera dévasté par les Vikings. Restauré au XIe siècle par Guillaume Longue Epée, Jumièges-l'Aumônier, (nom donné au monastère pour la charité de ses moines) est un centre d'étude et sa renommée est considérable. Sous Richard II, Guillaume de Volpiano fait de Jumièges, l'une des plus riches et plus prospères abbayes de Normandie. Sa ruine et le déclin de son rayonnement commencent au XVIIIe siècle et la Révolution achèvera de dévaster les édifices. Vendue aux enchères publiques, l'abbaye est alors utilisée comme carrière. Les ruines seront sauvées par un nouveau propriétaire et le Service des Monuments Historiques prendra en charge l'entretien de ces admirables vestiges.

— 73.

Comme Jumièges à l'époque, Saint-Wandrille, l'illustre abbaye a été desertée par les moines à la Révolution. Curieuse destinée que celle du beau et sage Wandrille de la cour du roi Dagobert qui décide, d'un commun accord, avec sa jeune épouse de se consacrer à Dieu. Après quelques difficultés avec son souverain, qui n'admet pas cette désertion, la bonté divine aura raison des réticences du bon roi, en éclairant celui-ci miraculeusement. Difficile de commenter la splendeur de cet exceptionnel ensemble dont la hardiesse architecturale est un spectacle émouvant. Celle qui s'est appelée d'abord l'abbaye de Fontenelle, avant de prendre le nom de son fondateur, est relevée de ses ruines au Xe siècle, après un passage particulièrement brutal des Normands. Après les guerres de religions, un déclin s'amorce, mais la réforme de Saint-Maur lui redonne son rayonnement jusqu'à la Révolution. L'abbaye change de propriétaire et pour finir sera la demeure du poète Maurice Maeterlinck. A partir de 1930, Don Pothier s'efforcera d'y faire revivre l'esprit bénédictin par le chant grégorien.

eure

— 83.

Le château de Gisors qui domine la ville commandait les trois vallées de l'Epte, de la Troësne, et du Réveillon. La ville, capitale du Vexin normand, était aussi riche que forte. C'était la ville frontière tenue par les ducs de Normandie. La forteresse commencée par Robert de Bellème en 1097 était réputée imprenable, ce que l'Histoire n'a pas confirmé. Les Templiers qui l'occupèrent au XII° siècle y auraient enfoui un trésor qui, encore aujourd'hui, suscite la convoitise de quelques archéologues et orpailleurs amateurs. Un jardin public a été aménagé à l'intérieur des fortifications d'où l'on a une vue plongeante sur la ville. Au milieu de l'enceinte se trouve le donjon du XI° siècle flanqué d'une tour de guet entouré d'une forte muraille dont l'une des huit tours — dites tour du prisonnier — est célèbre pour le travail de sculpture réalisé par l'un de ses locataires. Flaubert est venu admirer d'ici le paysage gisorcien ; la platitude de sa description ne fait guère honneur à l'auteur de Madame Bovary. Contentons-nous d'admirer en silence l'admirable point de vue.

— 81.

Pièce majeure de l'orfèvrerie française, la châsse de vermeil de Saint-Taurin, chapelle en réduction dont les arceaux abritent des statues, est l'une des merveilles d'Evreux. Au XIII° siècle, l'orfèvrerie avait atteint son apogée par un art naïf et sensible dont cette châsse est l'un

des plus beaux exemples.

— 104.

Chateau-Gaillard, forteresse médiévale, perpétuelle dispute entre Anglais et Français, avec ses multiples tours, ses donjons et ses souterrains, bien que mutilé, étonne et fascine. Si on imagine ce que pouvait être la hauteur du donjon, sans doute au moins trois fois ce qu'il est aujourd'hui, les étendards flottants sur les remparts, les hommes se bousculant dans le chemin de ronde, les archers aux créneaux, on pense à ces tableaux sublimes de l'Allemand Altdorfer. La vue choisie par Richard Cœur de Lion lui a-t-elle donné par moment des sentiments bucoliques ? Le chef de guerre n'a pas pu prendre beaucoup de temps pour admirer, de là-haut, les méandres de la Seine.

— 77/95.

Le château de Gaillon passait pour l'une des merveilles de France. Edifié à l'usage des archevêques de Rouen par Georges d'Amboise, il a été démantelé de sinistre manière. Il ne reste que les pavillons d'entrée, quelques belles salles voûtées et des sols de mosaïque. L'ancien portique intérieur est désormais dans la cour de l'Ecole des Beaux-Arts, et le Saint-Georges de Colombe est au Louvre. Dommage que la Révolution nous laisse si peu de traces des travaux des architectes et des sculpteurs qui ont travaillé

pour que Gaillon soit un superbe exemple de château Renaissance.
Philippe Auguste n'ose attaquer la forteresse. A la mort de Richard. Jean sans Terre lui succède. Philippe Auguste décide d'obtenir sa réeddition par la famine en isolant la place au moyen d'un fossé. Apprenant que les assiégés ont des vivres pour une année, il décide de donner l'assaut et force la garnison à se rendre. Trois mois plus tard c'est au tour de Rouen d'être prise par le roi de France.

— 82.

La tôle ondulée ne va pas bien à la campagne normande. Hérésie au pays des toits de chaume, et surtout provocation. Le pommier se détourne devant un tel sacrilège et les nuages assombrissent le ciel. La justice divine aura raison de cette imposture, dont les couleurs tragiques ont attiré le photographe.

— 86/87.

L'abbaye du Bec, cette « Académie du monde chrétien », a donné deux génies : Lefranc, primat d'Angleterre, Anselme, le saint, archevêque de Cantorbéry. Il ne reste de ce centre religieux que ce que les vandales ont laissé. Le chœur était le plus vaste de toute la Normandie. Sa tour du XV° siècle n'a pas conservé la flèche ce qui lui donne aujourd'hui une lourdeur peu conforme à son aérienne élévation. La Révolution a eu raison des reconstructions qu'avaient commencées les bénédictins de Saint-Maur. Le cloître est transformé par Bonaparte en écurie. Des spécialistes italiens et anglais après avoir expulsé les chevaux ont permis aux moines de revenir. Quarante disciples du révérendissime Père Grammont s'y installèrent, faisant venir de fervents visiteurs. La nouvelle abbatiale est aménagée dans l'ancien réfectoire, une superbe salle voûtée aux belles proportions. Le corps de Herluin, fondateur de l'abbaye est enterré devant le maître-autel. Après avoir gravi les 201 marches de la tour on peut admirer la vue sur le vallon du Bec et sur le logis abbatial.

— 88.

Au château de Vascœil (XIVe, XVe, XVIe siècles), Michelet écrivit la plus grande partie de son Histoire de France. Situé au confluent de l'Andelle et du Crevon, au milieu de vastes jardins, il abrite aujourd'hui un Centre Culturel International. De nombreuses expositions accueillent chaque année les œuvres de grands artistes contemporains.

— 92.

Avec son lot de tours menaçantes, le château d'Harcourt, berceau de la célèbre famille, montre un certain esprit combatif de la part de ses habitants. Bâti au XIIIe et au XIVe siècles, son parc boisé de 100 hectares est avec le

château, propriété de l'Académie d'Agriculture de France. Un sentier longe les fossés de 20 mètres de large et entoure l'enceinte pour pénétrer ensuite dans la cour d'armes. L'entrée et son pont médiéval sont rétablis. Dressé sur une petite colline, la masse impressionnante de ce château-fort semble veiller sur les riches cultures de céréales qui entourent la forteresse féodale.

— 80/93/94.

Ancienne boucle de la Seine, le Marais Vernier est pris dans le plateau du Roumois entre Quillebœuf et la pointe de la Roque. C'est aujourd'hui une plaine de plus de 5 000 hectares. C'est en 1847 que 350 propriétaires, regroupés dans le « Syndicat du marais Vernier », décident d'assainir ce qui n'avait été qu'ébauché par Henri IV. Des Hollandais, venus à sa demande avaient construit une digue qui porte leur nom, et qui limite au Nord le marais. En 1950, les travaux reprennent et un collecteur des eaux superflues les déverse dans la grande mare, avant d'être dirigées vers la Seine par le canal de Saint-Aubin. Aujourd'hui les bêtes paissent l'herbe grasse autour de la ferme aménagée à la normande.

— 96.

Les incendies successifs qui ont ravagé, au cours des premiers siècles la cathédrale

d'Evreux, n'ont laissé que peu de traces du bâtiment primitif. Reconstruite au XIIIe et XIVe siècles, on peut y admirer les grandes arcades de la nef, les chapelles des bas-côtés et le déambulatoire. Le portail Nord est un bel exemple de gothique flamboyant. La cathédrale d'Evreux symbolise assez bien l'histoire de cette ville qui, depuis le Ve siècle, n'a cessé d'être incendiée ou mise à sac par les invasions et les guerres. En 1940, le centre de la ville est démolit, en 1944 c'est au tour des bombardements alliés de détruire le quartier de la gare. Rien ne saurait décourager les Ebroïciens qui chaque fois, avec courage et vaillance reconstruisent leur cité qui garde, grâce à une intelligente politique de reconstruction, son charme d'antan.

— 97/98.

Notre-Dame de Louviers conserve sur le côté sud un superbe exemple de gothique flamboyant. Bel ouvrage de ces orfèvres de la pierre qui ont ciselé ici, comme pour une châsse, une façade guillochée, dentelle inextricable et sublime. A l'intérieur, les vitraux Renaissance filtrent une lumière de chaude ambiance. La nef est soutenue par des piliers massifs ornés de chapiteaux à crochets. Certaines œuvres d'art d'un maniérisme baroque, troublent la stricte ordonnance de l'espace. On peut voir sur les bas côtés des panneaux sculptés et des statues dont certaines proviennent du château de Gaillon.

— 99.

Consacrée en 1218, l'abbaye de Fontaine-Guérard n'est plus qu'une ruine isolée au bord de l'Andelle. Les moniales qui l'occupaient avaient adopté la règle cistercienne, comme l'avaient fait 694 abbayes en l'an 1300. Victime des crues de la rivière, Fontaine-Guérard a cependant conservé les voûtes de son abside. La grande salle capitulaire qui donnait sur un cloître, aujourd'hui disparu, repose sur une double rangée de colonnettes aux chapiteaux à crochet. On compare souvent la salle de travail des moniales à la salle des chevaliers de l'abbaye du Mont Saint-Michel. C'est assez dire de l'intérêt qu'offre Fontaine-Guérard, absente la plupart du temps des circuits touristiques.

— 100.

— « *Beaumesnil, dans toute sa magnificence d'une Renaissance tardive, d'un italianisme francisé. J'en ai fait le Mesnil-Royal de « Nez de cuir », et je le proclame, sans le surfaire. Ce château peu connu stupéfia par sa splendeur René Brécy, le critique d'art, qui, gentiment d'ailleurs, croyait pouvoir me prendre en flagrant délit d'enflure. En arrivant devant sa grille, dans le bourg, l'impression est déjà incomparable. Une guillochure rose et blanche, un madrépore immense de coraux réguliers, s'érige. Au fond d'une avenue assombrie par les* siècles, cela rutile, étincelle, ou se dérobe, avec le soleil couchant, la pluie ou la brume. Au sommet, un étroit belvédère, la lanterne aux lentilles de cristal, réfracte les rayons... Les possesseurs furent les Nohant, les Béthune, les Laval-Montmorency, les Maistre. Les nouveaux possesseurs, les Furstenberg, lui ont rendu la beauté de ses jardins, le réparent avec un soin qui nous touche profondément. Une des plus belles demeures de France se cache au Pays d'Ouche. »*
La Varende – Par Monts et merveilles de Normandie. Réédition de *En parcourant la Normandie*, mise à jour par Eric de La Varende et Henri Pellerin. Librairie Académique Perrin. Paris 1968.

— 75/85/101/102.

A Vernon, la Seine entre en Normandie et commence un parcours pittoresque au sens étymologique du mot. Motif privilégié des plus grands peintres, de Corot à Bonnard. Ils reconnaissent dans la diversité de ses paysages, les motifs et la lumière proches de leur sensibilité. Monet s'installe à Giverny, au confluent de l'Epte et de la Seine. Il aspire non seulement à y créer de féériques jardins qu'il peindra jusqu'au jour où la cécité bouleversera sa palette, mais à fixer sur sa toile les meules au milieu des champs moissonnés, les bateaux sur le fleuve, le train d'intérêt local... En toutes saisons, il peindra avec acharnement la débâcle de l'hiver, les villages sous la neige, l'été à la canicule phosphorescente : tous les spectacles que peut offrir les bords de Seine. Miroir transfiguré du beau paysage du Vexin normand qui aujourd'hui popularise le nom des petits bourgs sur les cimaises du monde entier, Pissaro, Daubigny, Luce, Lépine, Lebourg, trouveront de Vernon à Rouen, les plus beaux exemples que puisse rêver un peintre de paysages.
La maison de Monet, à Giverny, est aujourd'hui magnifiquement restaurée, à l'initiative du conservateur, Gérald van der Kemp et de son épouse, et grâce à la générosité d'illustres donateurs américains.
Au creux de la forêt de Vernon, se nichent les laboratoires d'essai des moteurs de la fusée Ariane.

103.

C'est à un seigneur Guyon que l'on doit cette forteresse qui domine le château de La Roche-Guyon. C'est ce qui demeure d'un ensemble de défenses destinées à stopper les invasions anglaises. Le château, quant à lui, est plus réputé pour les grands écrivains qui y séjournèrent que pour des hauts faits d'armes. C'est ici que François de La Rochefoucauld composa ses Maximes et Alphonse de Lamartine ses Méditations. Victor Hugo et Montalembert furent aussi les hôtes du château. En 1944, le maréchal Rommel, sans y être invité, s'installe ici avec son Etat-Major pour tenter d'arrêter une irrésistible « invasion », celle des troupes alliées de libération du sol français.

basse
normandie

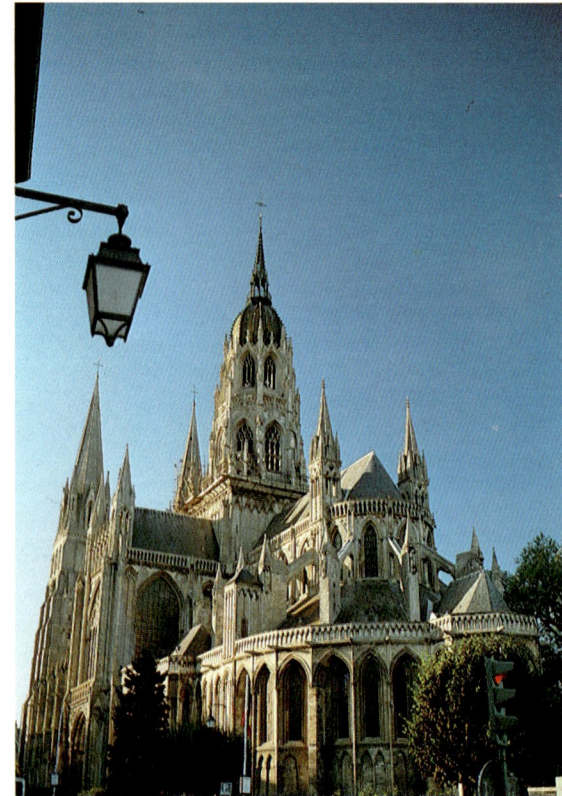

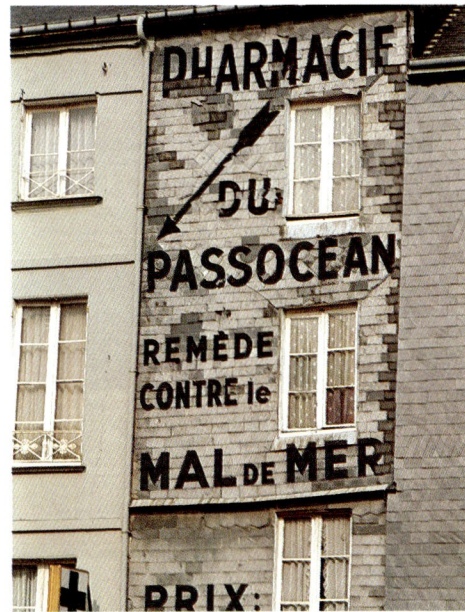

PHARMACIE
DU
PASSOCEAN
REMÈDE
CONTRE le
MAL DE MER
PRIX:

calvados

HIC TRAHVNT NAVES AD MARE

ISTI PORTANT ARMAS AD NAVES ET HIC TRAHVNT CARRVM CVM VINO ET ARMIS

167
168

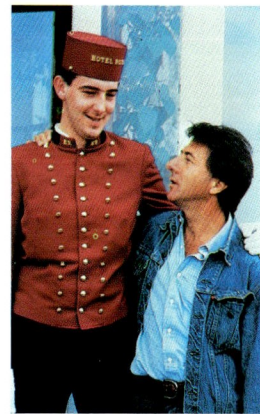

deauville

orne

manche

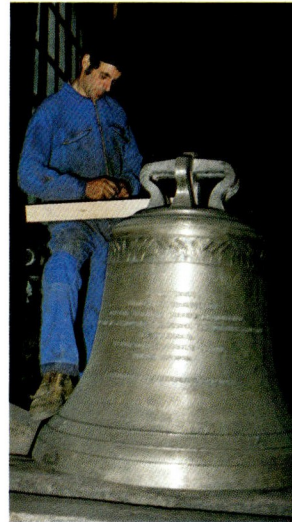

234

235
236

calvados

— 105/108/109/123/127/128/154 à 163

Séparée de l'agglomération havraise par l'estuaire de la Seine, Honfleur est depuis le début du XIXᵉ siècle, l'un des motifs favoris des peintres de paysages. Richard Bonington, qui vécut la plus grande partie de sa courte vie artistique en France, de 1817 à 1828, aima poser son chevalet devant le petit port. Eugène Boudin, enfant du pays et libraire de sa ville, exposait ses tableaux dans la vitrine de son magasin. Millet les débusqua. Boudin, qui avait découvert les dons précoces de Claude Monet, orientera ce dernier vers la peinture de plein air.

Honfleur a gardé toute sa séduction avec son vieux bassin, ses anciennes maisons, son église Sainte-Catherine construite en bois par les « maîtres de hache » de la ville. C'est ici que naquit en 1855, Alphonse Allais dont l'humour décapant et mystificateur n'a pas pris une ride. Honfleur est encore le motif favori des peintres du dimanche et des touristes-photographes.

Le port, créé par Duquesne, a conservé sa Lieutenance, logis à tourelles du lieutenant du roi. Un musée du vieux Honfleur y rappelle les grandes heures du lieu, d'où sont partis les hardis navigateurs, Champlain, Cavelier de la Salle, Paulmier de Gonneville... Autre musée, celui consacré aux peintres : Eugène Boudin, Jongkind, Daubigny, Isabey, Lebourg... et Monet. Honfleur a gardé cette authenticité qui en fait tout le charme. La côte de Grâce, aux paysages maritimes et champêtres, prolonge au-delà de la ville, la magie et la séduction du petit port normand.

— 114.

La chapelle Notre-Dame de Grâce, à quelques minutes du port d'Honfleur et du musée Boudin, domine l'estuaire. Elle fut construite, de 1600 à 1615 sur un terrain appartenant à Madame de Montpensier. Elle remplaçait une chapelle, fondée avec 1023 par Richard II, duc de Normandie, et disparue dans l'éboulement de la falaise au XVIᵉ siècle. Ses murs sont recouverts de plaques votives et ses voûtes abritent de nombreux ex-votos, œuvres de marins sauvés des nombreux naufrages que connurent ces côtes.

— 129/140/168.

La plage d'Arromanches est plus célèbre comme théâtre du débarquement que pour ses bains de mer. En décidant d'amener leurs ports avec eux, les unités qui prirent pied ici, donnèrent une ampleur considérable à l'opération, dont le code sur la BBC, « Verlaine », a déclenché l'attaque, le 6 juin 1944 à l'aube. Arromanches, baptisée Gold Beach, a reçu le « Mulberry B », ce port artificiel composé de pontons flottants réservé aux Britanniques, alors que le « Mulberry A » de Omaha Beach était affecté aux troupes américaines. Au musée du Débarquement d'Arromanches, un ensemble de maquettes donnent une idée de l'extraordinaire exploit qu'a demandé le transport de 33 têtes de jetées, 16 kilomètres de route flottantes et cinq cent mille tonnes de béton.

C'est à Caen qu'a été inauguré le 6 juin 1988, le Mémorial de la bataille de Normandie, en présence du Président de la République et des représentants des douze pays impliqués dans la bataille.

Ce Mémorial, baptisé « un Musée pour la Paix », est l'œuvre d'un architecte de Caen, Jacques Millet. Le musée a été conçu par l'Institut d'Histoire du temps présent (CNRS)

D - Day... le 6 juin 1944 :

A 6 h 30, la 4ᵉ Division d'infanterie américaine débarque, forte de 23 000 hommes et effectue sa liaison avec la 82ᵉ division aéroportée...

La première division débarque à la même heure à Omaha... 225 « Rangers » escaladent la Pointe du Hoc.

La 50ᵉ Division d'infanterie britannique débarque à 7 h 25 sur Gold.

A 7 h 30, la 3e Division d'infanterie canadienne prend pied sur Juno. La 7e brigade prend position à Creully...

La 3e Division d'infanterie britannique débarque sur Sword. Riva Bella est enlevé par les commandos français du capitaine de Corvette Kieffer.

Dans la nuit du 5 au 6 juin 1944, les deux ponts de Ranville et de Bénouville sont investis par la 5e brigade parachutiste britannique ayant pour emblème Pégase, le cheval ailé de la légende. En souvenir de cet exploit, le pont sur le canal a pris le nom de Pégasus Bridge.

— 110/183.

Sur la rive gauche de l'Orne, le très classique château de Bénouville, chef-d'œuvre de Nicolas Ledoux, est désormais la demeure des hôtes de marque invités de la Région.

— 117.

C'est à Dives, ancien port de mer que les alluvions de la rivière ont colmaté, que Guillaume le Conquérant s'embarqua pour son étonnante expédition de la conquête de l'Angleterre. Aujourd'hui ville industrielle, des usines électrométallurgistes s'y sont implantées ainsi que des briqueteries.

— 113/116.

La Reine Malthilde fonde à Caen en 1062 une abbaye destinée à racheter son péché conjugal. L'Abbaye-aux-Dames fait le pendant à l'Abbaye-aux-Hommes élevée par Guillaume le Conquérant, en pénitence de son mariage avec sa parente, et cela malgré l'opposition du pape. On notera qu'en ce temps-là, on faisait construire des monuments impérissables pour un manquement à la morale ! Quels désert spirituel serait la Normandie si tous ces pécheurs avaient été sans repentance !

Malgré ses mutilations, celles de la guerre de Cent ans et celles de 1944, l'abbaye garde ses anciens bâtiments reconstruits au XVIIe siècle. L'abside sert de chapelle à l'hospice et conserve au centre du chœur la dalle du tombeau de Mathilde. Siège du Conseil régional, elle a fait l'objet d'une spectaculaire restauration, à l'extérieur comme à l'intérieur, témoin le superbe escalier de pierre à rampe de fer forgé.

— 118.

L'Abbaye-aux-Hommes, avec l'église Saint-Etienne et ses bâtiments conventuels est un remarquable édifice roman qui fut, parait-il, bâtie en quatre ans ! On a peu l'occasion de voir la façade d'une abbaye d'un style roman aussi dépouillé. Sa sobriété contraste avec les deux tours du XIe siècle d'une si belle envolée.

Du vestibule s'élève un escalier à rampe de fer forgé du XVIIIe siècle qui donne accès au cloître. Le tombeau de Guillaume a été longtemps à l'entrée du chœur, avec sa couverture d'argent garnie de joyaux. Il ne reste, hélas, rien de ce chef-d'œuvre et l'épitaphe que l'on peut lire sur la simple dalle, nous incite à nous interroger sur la fureur des hommes à violer et à piller les tombeaux. Les Huguenots, lors du sac de l'église Saint-Etienne profanèrent la tombe puis la Révolution de 1789 se chargea de disperser les restes du pauvre Guillaume. Il reste, malgré les aléas de ces temps troublés l'extraordinaire ensemble que forment l'église et les bâtiments du couvent qui semblent défier le temps et la folie destructrice des hommes.

— 136.

On ne peut être que charmé par cette petite forteresse, car le château de Saint-Germain de Livet est une merveille de marne et de briques vernissées formant damier. Dans cet habit d'arlequin du XVIe siècle, il se mire dans les douves, miroir qui l'entoure et reflète ses somptueuses couleurs d'ivoire et d'émeraude.

— 132.

Le château de Granchamp associe de façon parfaite le bâtiment de pierre avec une habitation à pans de bois bornée par deux tours d'angle carrées. Magnifique demeure qui se mire dans ses fossés et sait si bien allier le style classique du XVIIe siècle avec le rustique normand.

— 138.

La façade du château de Pontécoulant en deux parties dissemblables semble refléter le caractère original du propriétaire qui lui donna son nom. Le sieur Louis-Gustave Le Doulcet, comte de Pontécoulant, fondateur du club de Vire, sous la Révolution, député à la Convention, se prend d'aversion pour les Jacobins. Défenseur de Charlotte Corday, il émigre à temps. Devenu menuisier à Zurich, il rentre en France pour soutenir Bonaparte et chasser les Chouans de Normandie. Napoléon s'en souviendra et le fera sénateur. Mais le vent tourne et bien vite le voici près des Bourbons. A la Restauration, il sera fait pair de France, puis en 1830 il se réjouira de l'avènement de Louis-Philippe. Sa mort en 1853 ne lui a pas permis d'applaudir la République ! On peut méditer sur la vie de cette fameuse girouette sous les grands arbres du parc. Le château légué au département du Calvados est désormais un musée qui présente de beaux meubles du XVIe et XVIIIe siècles.

— 135/143.

Le Pays d'Auge, ce bocage de la Côte Fleurie est une région agricole réputée pour ses poulets, son « calva » et son cidre, dont on vante la qualité de nombreux crus. Les pommiers plantés en quinconce, s'ouvrent et s'épanouissent tous ensemble, donnant au printemps cet air de fête à toute la région. Nulle part, comme en Normandie, le renouveau se manifeste avec cette prolifération de la verdure, des eaux vives... Il faut traverser le Pays d'Auge à cette période bénie pour ressentir ce sentiment que doit être la joie de vivre.

— 139.

Clichés de la Normandie classique et popularisée par l'image, les vaches blanches tachetées de noir paissent en paix sous les pommiers dans la lumière transparente d'un beau jour d'été. A Criqueville-en-Auge, le château avec ses trois pavillons, d'une organisation toute médiévale, recouvert du damier rouge et blanc de pierre et de brique, est bien lui aussi le symbole d'une Normandie banalisée par l'illustration populaire.

— 140/141.

François Mansart, réalise à Balleroy, l'une de ses premières architectures pour le chancelier de Gaston d'Orléans, Jean de Choisy. Les marquis de Balleroy, ses descendants, habitèrent le château pendant trois siècles. A la limite du Bessin et du Bocage, la belle demeure Louis XIII est d'une simplicité exemplaire qui contraste avec la richesse de sa décoration intérieure. Un salon d'honneur dont le plafond peint à la française par Charles Delafosse, renferme des portraits, œuvres de Juste d'Aiguemont : Louis XIII, Condé, la duchesse d'Orléans et ses enfants, la Grande Mademoiselle, Louis XIV entouré de son frère Philippe d'Orléans et d'Anne d'Autriche. La superbe bibliothèque contient plus de 3 000 ouvrages. Acquis après la guerre par Malcolm Forbes, l'homme de presse d'Outre-Atlantique, qui participa au débarquement allié à quelques kilomètres de là, le château de Balleroy est, chaque année en juin, le rendez-vous des aéronautes qui participent à la coupe de Balleroy. Malcolm Forbes a lui-même réussi la traversée des Etats-Unis en ballon.
Le château, restauré par Malcolm Forbes, contient de nombreuses œuvres inspirées par les ballons, et, tout naturellement des maquettes du Débarquement, au cours duquel les ballons jouèrent un rôle de défense et d'observation.

— 106.

La rencontre de tous les fous de montgolfières qui a lieu, à l'invitation de Malcolm Forbes, au château de Balleroy, donne lieu à de joyeuses fêtes ; cette vieille Rolls excite la curiosité de ces veneurs venus sonner en leur honneur.

144.

Jacques de Lacretelle a redonné ses lettres de noblesse à Brécy. Ce qui était devenu une ferme a retrouvé sa splendeur perdue. L'académicien, en mettant en valeur la décoration extérieure du XVIIe siècle a montré ainsi que ce château, que l'on attribue à Mansart, possédait des sculptures et des ornements d'une grande beauté, œuvre d'artistes caennais. Avec ses jardins en terrasse et ses parterres finement dessinés, Brécy offre un bel exemple de restauration. La perspective que ferme la grille d'entrée est d'une ordonnance classique.

— 146.

La basilique de Lisieux de style néo-oriental, n'est pas le monument le plus remarquable de la ville, mais à coup sûr celui à qui les commerçants lexoviens doivent leur prospérité. Lisieux a horriblement souffert de la guerre et ceux qui ont connu la vieille cité médiévale ne cesse de stigmatiser l'esthétique de la reconstruction. Si le Lisieux de Sainte-Thérèse attire pèlerins et croyants pour qui, la petite Martin représente un bel exemple de foi et de piété, il ne faudrait pas négliger pour cela les beaux monuments qui n'ont pas subi les ravages du dernier conflit. La cathédrale Saint-Pierre, le Palais de Justice et les vieilles maisons, témoins du passé. Le musée « Merveilles de la mer » conserve plus de 6 000 coquillages des mers du monde entier.

147.

L'allure sévère et agressive du château de Creully, laisse à penser que ses propriétaires avaient des raisons de s'abriter derrière ces énormes pans de murs. Au bâtiment du XIIe siècle est accolée une tour ronde du XVIe siècle. Le donjon et les écuries sont sous Louis XIII. Si le château a été rendu habitable au XVIe siècle, il garde son allure de forteresse. Le village voisin, Creully-le-Guerrier, évoque la période belliqueuse de la région.

— 151/ gardés de fin.

La tapisserie de la Reine Mathilde, ruban de toile brodé long de 70 mètres, entourait le chœur de la cathédrale de Bayeux pendant les grandes cérémonies. Ce chef-d'œuvre a traversé les siècles sans dommage et l'on vient de partout admirer ce témoignage unique du Moyen Âge. Aujourd'hui installé dans un superbe édifice du XVIIIe siècle, cette longue « bande dessinée » court autour d'une vaste salle dotée d'un éclairage très sophistique, afin de respecter et de sauvegarder ses couleurs. L'origine de cette tapisserie est incertaine mais on pense qu'elle fut commandée en Angleterre par le comte de Kent, évêque de Bayeux. La broderie est de laine et le dessin réaliste ne nous laisse rien ignorer des rivalités qui opposaient les protagonistes de l'épopée anglaise. Elle se déroule sous nos yeux comme un film en 58 scènes surtitrées en version originale, c'est-à-dire en latin revu par des Anglo-Saxons. On dit souvent que la tapisserie a été amputée des dernières scènes qui devaient représenter les cérémonies du couronnement à Westminster. Qu'importe, telle que nous pouvons la voir aujourd'hui la Tapisserie de la Reine Mathilde est l'ouvrage le plus important que nous livre le XVe siècle.

— 164/166/167.

A Trouville, les quais de la Touques sont animés par le marché aux poissons, par les restaurants et les magasins du commerce local : bars des pêcheurs et pâtisseries des estivants. La charmante petite ville a gardé un peu de ce cachet qui, au XIXe siècle, attirait les peintres Isabey et Boudin, les écrivains Dumas et Flaubert et plus tard Marcel Proust qui évoque dans son œuvre l'hôtel des Roches-Noires. Si Deauville a supplanté Trouville sur le plan des mondanités, cette dernière semble plus authentiquement normande. Dans son petit musée Montebello, les dessins, gravures et aquarelles évoquent les modes balnéaires de jadis, par les peintres Boudin, Pécrus, Jongkind...
De la route de la corniche, sur les hauteurs de Trouville, on embrasse la vue qui domine les plages et la Côte Fleurie jusqu'à Dives.

— 169 à 183.

Le pont des Belges qui enjambe la Touques est la frontière naturelle entre Trouville et Deauville. C'est aussi la limite qui sépare la charmante station balnéaire et plage familiale, de la cité mondaine, dont les « planches » sont le rendez-vous du Tout-Paris qui aime voir et être vu.

Le duc de Morny et quelques amis banquiers et aristocrates fortunés se font construire à la fin du XIXᵉ siècle de riches villas sur les marais de la rive gauche de la petite rivière, dans le but d'y organiser des courses de chevaux. Les Anglais, depuis le XVIIIᵉ siècle, se livrent à ce sport destiné à améliorer la race chevaline par la cration d'élevages de pur-sang. Le demi-frère de Napoléon III, passionné par les chevaux, incite ses amis à en acheter en Angleterre pour constituer des écuries capables de concurrencer celles d'Outre-Manche. C'est assurément de là qu'est parti le succès de Deauville. La construction de l'hippodrome en 1900 et l'arrivée d'un animateur efficace, Eugène Cornuché, devaient asseoir définitivement la réputation internationale de la « Cité fleurie ».

Rien ne manque à la panoplie des loisirs de la station, un casino célèbre, des hôtels, comme le Royal où la star Elisabeth Taylor a inauguré une suite qui porte son nom, le Normandy, à l'architecture normande 1900, un golf au mont Canisy qui domine la campagne, et la mer, avec un hôtel ouvert pendant la Saison, un terrain de polo et des hippodromes pour les courses de plat et d'obstacles. La grande Saison de Deauville se clôt chaque année par le célèbre Grand Prix. Deauville c'est aussi le marché international du yearling où sont présenté les plus beaux chevaux de l'élevage normand, le festival du film américain de septembre, des séminaires et des congrès. Deauville n'a pas usurpé son surnom de « plage fleurie ». On peut s'en assurer en longeant l'avenue du front de mer, (les pique-niqueurs ne respectent pas toujours le site si coquet qui fait le charme incontesté de la station. Déjà dans les années cinquante, la Varende s'interrogeait sur *« l'attraction peu compréhensible que Deauville exerce sur les gens moyens. Que les grands seigneurs lui soient fidèles, naturellement ; dans leurs demeures annuelles, dans leurs cercles, ils se sentent chez eux ; mais pourquoi cette ruée des vacanciers modestes ? Quel plaisir peut-on prendre à se sentir déclassé ? D'y passer quelques heures en marge, repoussé par ce luxe calme et enveloppant ? Jamais les dimanches n'y ont amené tant de pauvres bagnoles ni tant de pique-niqueurs. Il faut admettre que la grande vie, même vue d'en bas, garde sa valeur attractive, imaginative, et qu'on y participe quand même. J'ai connu un ramasseur de mégots qui ne fumait que les Abdullahs...*

— 152/153/178.

Faut-il s'étonner que tout ce monde s'agglutine sur les planches et sur la plage alors que la campagne et l'arrière-pays sont peu visités ? Quoi de plus beau que ce bocage avec ces maisons à colombages derrière les haies, les prés où les vaches s'abritent de la chaleur sous les pommiers, les petites routes où l'on croise de temps à autres un cabriolet tiré par un poney ? Quoi de plus attendrissant qu'une chaumière au fond d'un vallon que colorent les fleurs de champs ? Quoi de plus saisissant que de se trouver, au détour d'un chemin devant un château dont la façade de brique et de pierre forme un damier rose et blanc ?

Vous ne verrez sûrement pas, mais elles y fleurissent de plus en plus dans la campagne, les activités d'avant-garde du Calvados, comme, parmi cent autres, l'accélérateur d'ions lourds du GANIL ou les chantiers honfleurais qui contribuent au programme Ariane.

Revenons à Deauville. Au port, les yachts se balancent et tirent sur leurs amarres avec l'impatience du départ à venir. Le drapeau flotte dans la brise au bout de la jetée... Dufy, Van Dongen ont bien saisi la subtile transparence de la lumière de cette Côte Fleurie, et l'étonnant bariolage de sa plage de sable fin.

orne

— 185

Œuvre de Jean Lemoine, Notre-Dame
d'Alençon est du plus pur style flamboyant.
Construite entre 1490 et 1506,
son porche à trois pans est si fameux que
Jean de La Varende rapporte, dans l'un de ses
livres, le dicton :
L'église est faite de telle sorte
que pour mettre le Bon Dieu
Au plus bel endroit du lieu,
Il faudrait le mettre à la porte.
Autour de Notre-Dame sont réunis les hôtels
aristocratiques de la ville, célèbre pour sa
dentelle dont la mode faisait rage aux environs
de 1650. Le point de Venise ayant fait son
apparition à la cour, hommes et femmes se
ruèrent pour acheter cette fameuse dentelle de
la Sérénissime République, mettant à mal le
« chiffre du commerce extérieur » du pauvre
Colbert. Celui-ci décide d'implanter à
Alençon une manufacture dans laquelle les
Alençonnaises, réputées pour leur habileté
dans les travaux d'aiguille, fabriqueraient de la
dentelle au fameux point. L'idée était bonne,
quelques années plus tard, le point d'Alençon
était le plus apprécié et son commerce
prospère.

— 206.

Aux seigneurs de Carrouges, propriétaires
pendant trois siècles de cette propriété, ont
succédé les Veneur, comtes de Tillières et de
Carrouges par alliance. Jusqu'en 1936,
Carrouges est donc resté propriété d'une des
plus fameuses familles de Normandie. Lorsque
les charges qu'imposent une telle demeure
sont devenues difficilement supportables (la
surface des toitures à restaurer se mesure en
hectares), il a fallu abandonner la maison de
ses ancêtres.
Carrouges veut dire carrefour, ce qui explique
que le château fut d'abord une forteresse.
La poterne avec sa haute toiture et ses
pavillons de briques à croisillons noirs est
typique d'une belle demeure d'un seigneur
normand du XVIe siècle.

— 193/194.

La belle entrée du haras du Pin invite à
traverser le domaine aux gras herbages avant
d'atteindre le château-haras, ce Versailles des
chevaux. Ici, chaque année, le
premier dimanche de septembre et le
deuxième dimanche d'octobre, se déroulent
des courses hippiques,
des parcours de cross, des défilés d'attelages
et des présentations d'étalons.
Colbert fonda l'établissement et approuva en
1715 les plans de Jules-Hardouin Mansart et
de Le Nôtre. Une quinzaine d'années de
travaux furent nécessaires pour la réalisation
de cet exceptionnel ensemble. Dans les écuries
modèles, un classement minutieux est établi
par race, par robe, et par taille. Etonnant
spectacle que l'écurie des percherons de trait :
24 chevaux à l'imposante croupe y paissent
calmement, devant le ratelier. La sortie des
chevaux est un rite quotidien qui amène une
animation particulière dans le vaste et
somptueux domaine du Pin.

— 199

La course cycliste Paris-Vimoutiers
(Camembert), l'une des grandes classiques de
la saison vélocipédique française a été créée en
1906. Son premier vainqueur s'appelait Mary.
Depuis d'autres coureurs fameux ont brillé
dans cette course : Goasmat, Cloarec,
Fournier... Bernard Hinault en gagnant en
1976, commençait sa brillante carrière.

— 203

A Vimoutiers, on aime à raconter l'histoire de
ce couple américain qui vint, dans les années
trente faire un voyage de « reconnaissance ».
Le mari tenait à remercier Camembert dont le
fromage avait résorbé l'ulcère de son estomac.
Il souhaitait faire élever une statue à son
bienfaiteur. En cherchant bien, on se souvint
qu'une certaine dame Harel, fermière de son
état, avait perfectionné, au XIXe siècle,
la recette de fabrication du célèbre fromage.

Comment refuser une aussi généreuse proposition ! C'est ainsi que fut érigé à Coudehard, à 9 km au sud-est de Camembert la statue de Marie Harel avec les dollars d'un américain guéri et reconnaissant. Tout amateur de pâte molle se doit de rendre grâce à l'héroïne de Camembert dont le fromage est universellement connu et apprécié. Il n'est, certes pas, l'unique normand de réputation internationale. Le Livarot, le Pont-l'Evêque garnissent, eux aussi les plateaux de tout bon restaurant ; mais, hélas, aucune statue ne vient glorifier leurs inventeurs ! Qu'importe, les déguster est encore le meilleur hommage à leur rendre.

— **186/187**

La route des fromages passe par Lisores, hameau cher au peintre Fernand Léger où il aimait se délasser. La ferme de la Bougonnière est maintenant un musée où sont exposées des œuvres diverses du célèbre artiste né à Argentan et qui fit les beaux jours de Montparnasse.

— **200**

La crème et le fromage sont-ils les deux mamelles de la Normandie ? La première, élément majeur de la cuisine normande, est la base de la sauce qui accompagne poissons et volailles, le second, avec les pâtes molles du Pays d'Auge et les fromages frais du Pays de Bray est une industrie florissante.

189/208.

Près de Mortrée, le château d'Ô, bien que popularisé par le calendrier des Postes et les cartes postales, surprend toujours avec sa curieuse couleur ocre pâle et ses douves bleu-vert. Cette délicieuse construction, à l'air fragile sur son îlot, date de la première Renaissance. Son plan actuel, si compliqué, montre les étapes successives des modifications qu'il a subi au cours des siècles : nombreux pavillons, échauguettes aux toits pointus, clochetons, tourelles carrées ou hexagonales... Ce palais flamboyant a été la demeure de François d'Ô, grand maître de la garde-robe du roi Henri III, plus fastueux, paraît-il, que son souverain, avec ses équipages somptueux et son riche mobilier. C'est l'Association des Vieilles Maisons Françaises qui s'est chargée de la restauration de cette demeure historique.

— **201/202.**

Les bêtes étaient là, le nez tourné vers la ficelle... Cependant entre les deux rangées, des messieurs s'avançaient d'un pas lourd, examinant chaque animal, puis se consultaient à voix basse...
A l'Aigle, comme au temps des fameux Comices dont parle Flaubert dans Madame Bovary, rien ne semble avoir changé dans le rite ancestral de la vente et de l'achat des bestiaux par les paysans normands. L'achat d'une bête demande réflexion et, au marché plus qu'ailleurs, le « p'têt ben qu'oui, p'têt ben qu'non » est de rigueur avant l'acquisition d'une vache.

— **192/198.**

Tessé-la-Madeleine et Bagnoles-de-l'Orne sont une même station thermale. Le château néo-Renaissance du XIXᵉ siècle est aujourd'hui l'Hôtel de Ville. Les séquoias centenaires protègent de leur ombrage les promeneurs qui se rendent au Roc du Chien, promontoire qui domine le paysage.
Si l'on soigne ici les affections de la circulation : phlébites et varices, on ne peut y guérir les « malades » du jeu qui se rendent au casino. On dit que les « interdits de jeu » de la région parisienne viennent ici lorsque l'envie de jouer est par trop impérative.

— **184**

Guillaume de Bellême fait construire l'abbatiale de Lonlay-l'Abbaye au XIᵉ siècle au bord de l'Egrenne. Dans ce cadre champêtre, la bâtisse en granit accueille des bénédictins. Il ne reste que peu de traces de l'édifice roman : la dernière guerre a endommagé très cruellement l'abbaye. On peut cependant admirer le transept, le chœur, la tour du XIIIᵉ siècle et le porche du XVᵉ.

— 195

Le château de Saint-Sauveur est entouré de ses douves bordées d'une terrasse à balustres au curieux dessin. De style Louis XIII, son décor intérieur est du XVIIe siècle. On y remarque un portrait d'Herbault par Hyacinthe Rigaud ainsi que des collections de porcelaines et de beaux meubles d'époque.

— 188

Lorsque la voie du chemin de fer traverse l'étang gris bleu du château de Flers, le voyageur est, pour quelques instants en face d'une des plus belles affiches touristiques de la Normandie. Fastueuse résidence des La Mothe Ango, marquis de Flers, elle a été la demeure de l'auteur dramatique Robert de Flers qui, avec Gaston Arman de Caillavet a fait les beaux soirs du boulevard avec des pièces satyriques comme *Le Roi* et *l'Habit vert.* Le château a été, par miracle, épargné par les bombardements. Sa belle façade du XVIe siècle se mire dans les eaux des douves qui l'entourent. Les toits en forme de cloche donnent ce caractère typique des châteaux du sud de la province. L'étang, relié aux fossés, est au milieu du grand parc un centre recherché pour les sports nautiques. A l'intérieur du château, un musée de peinture expose des œuvres du XVIIe au XXe siècles, ainsi que des souvenirs de la chouanerie normande.

— 200/204

Domfront domine un vaste panorama sur le bocage du Passais. C'est le pays du cidre de poire, ou poiré. Ancienne forteresse, Domfront possède de nombreux vestiges de son glorieux passé. La ville que l'on disait imprenable a bien dû céder parfois à l'irrésistible pression de ses ennemis. Le dernier siège a été soutenu contre les troupes du roi Henri II par Montgomery qui, dans un tournoi donné le 30 juin 1559 blessa le roi à mort. En dépit des engagements pris, il fut décapité sur l'ordre de Catherine de Médicis. Réputé pour sa force, Domfront a gardé jusque dans ses environs des exemples de manoirs robustes comme celui de la Saucerie aux étroites ouvertures, aux murs épais, faits pour résister aux assauts.

— 205

Le phare de Bonvouloir, curieuse construction dont l'étrangeté laisse les historiens dubitatifs, s'élève à 15 mètres au-dessus des tours délabrées. Coiffé par une sorte de cloche, on croirait voir de loin une cheminée d'usine. Vraisemblablement tour de guet dans un ensemble fortifié. On ne connaît aucun exemple d'une tour n'ayant pour office que ce but.

— 190.

A l'inverse des manoirs du pays d'Auge, ceux du Perche Normand sont un peu sévères. Si les premiers ont l'air de gentilhommières qui ne demandent qu'à vous accueillir, les second, très souvent fortifiés, nous rappellent qu'ils jouèrent un rôle militaire, ce qui justifie ces donjons, ces tours et ces échauguettes. Ainsi le manoir de la Vove, isolé et bien ancré dans la campagne, est-il un exemple typique de ces maisons fortes qui pouvaient résister à l'ennemi. Le gros donjon du XIVe siècle et les deux bâtiments du XVe siècle construits en équerre, ont été restaurés. La chapelle du manoir le sera bientôt.

— 196/198.

Aux confins méridionaux de la Normandie, le soleil levant perce à peine le brouillard matinal à Saint-Michel-des-Andaines. La forêt de 4 000 hectares forme, avec celle d'Ecouves, le Parc naturel régional de Normandie-Maine qui englobe 152 communes. Ce vaste domaine boisé de chênes, de pins, de hêtres, de bouleaux, abrite aussi des cerfs des biches, des chevreuils... Les promenades à pied ou en calèche dans ce grand domaine public, ne sont troublées que par les pépiements d'oiseaux ou le passage des animaux.

Cette petite chapelle à Saint-Céneri-le-Gérei,
planté au milieu d'un pré fait la joie des
photographes. C'est aussi un motif apprécié
des peintres. Le village est pittoresque avec son
église romane et le bel ensemble que compose
le pont sur la Sarthe entouré de jolies maisons.

L'église de Sainte Gauburge est un musée des
Arts et Traditions populaires du Perche. C'est
une construction gothique d'un style assez
remarquable que jouxte les bâtiments d'un
ancien prieuré qui, au XVIIe siècle dépendait
de l'abbaye royale de Saint-Denis. C'est
aujourd'hui une ferme sur laquelle veille une
bien jolie tour à cinq pans au décor raffiné.

manche

— 211/222 à 228.

Les sables mouvants, dont l'effroi subsiste, ont donné au Mont son premier nom : Saint-Michel-au-Péril-de-la-Mer.
C'est Saint Aubert qui, vers l'an 700, y instaura le culte de Saint Michel. Les travaux pour la construction d'une collégiale furent immédiatement entrepris, amenant à l'entour un village de dépendances. Lors des incursions normandes, on se réfugia sur le rocher qui fut bientôt fortifié. Destinée pieuse et militaire que celle de ce rempart que les Anglais ne purent jamais vaincre. Philippe Auguste, pour se faire pardonner d'avoir brulé l'abbaye, commence en 1210 l'édification de la Merveille. Elle sera achevée vingt ans plus tard. Techniquement hardie, l'architecture presque en porte à faux, s'appuyant sur une étroite assise de terrain en pente, devait tendre à glisser, mais rien n'a jamais fléchi, et la Merveille, comme aux premiers jours de sa construction n'a pas bougé.
La magnificence du Mont Saint-Michel c'est d'abord sa situation sur cette étendue de sable qui, certains jours de brume, apparait au loin comme un mirage. Force, mais délicatesse, car rien ne semble agressif dans cet entassement de maisons blotties autour de l'église. Paisible paysage autour de cette île qui ne l'est qu'à moitié.
Le Mont Saint-Michel est aussi la borne frontière que prolonge le Couesnon entre les duchés de Normandie et de Bretagne qui faisait dire aux Bretons : « Le Couesnon a fait folie, Cy et le mont en Normandie. »

Sur la côte ouest du Mont, aride et rocheux, la chapelle de Saint Aubert, non loin de la tour Gabriel massivement fortifiée, est un petit havre de prières.
Les voutes d'ogives du Promenoir des moines reposent sur une double galerie de colonnes qui semblent les futs d'une vaste ramure de pierre.
Au loin, la tour Gabriel fait le guet sur la baie, le berger veille sur son troupeau qui paît l'herbe des polders. Image belliqueuse et bucolique du Mont Saint-Michel.

— 216/235.

A l'est du Cotentin, Barfleur est agressée par les vents du large, et les courants marins s'y affrontent en de violents tourbillons. C'est de son petit port qu'Edouard le confesseur partit pour l'Angleterre en 1042, ainsi que la *Blanche Nef* avec la famille d'Henri 1er en 1120. Aujourd'hui, lieu de séjour pour estivants, son climat tempéré et la végétation exubérante qui prolifère à l'abri des vents, font de Barfleur une charmante station balnéaire.

— 209/237.

Cherbourg, port militaire, escale de transatlantiques, gare de car-ferries, est aussi port de plaisance et de pêche. La digue qui épouse la baie est un ouvrage colossal qui lui assure une rade très sûre. Commencée en 1664, la digue ne fut achevée que 73 ans plus tard. La ville avec ses vieilles maisons, son église de la Trinité du XVe siècle est à découvrir sans hâte pour en apprécier le charme.
L'abbaye Notre-Dame du Vœu a été érigée par Mathilde, pour remercier la Vierge Marie de lui avoir sauvé la vie. En 1145, Mathilde, impératrice du Saint-Empire, puis reine d'Angleterre, traversait la Manche quand son vaisseau fut pris dans une violente tempête. Elle fit le vœu de fonder une abbaye là où elle aborderait saine et sauve. Elle mit pied à terre aux portes de Cherbourg, dans la fosse du Galet. C'est ainsi que la petite fille de Guillaume le Conquérant, épouse d'Henri V, remercia le ciel. L'abbaye en ruine a été restaurée en 1984. La ville de Cherbourg, consciente de la valeur historique des restes de l'abbaye, s'attache à rendre à l'édifice et à son environnement un aspect digne de leur splendeur passée.
L'arsenal de Cherbourg est connu pour la construction de sous-marins classiques et nucléaires, ainsi que pour des unités plus petites comme les vedettes, les dragueurs...

Seuls les ressortissants français sont admis à le visiter... sans appareils photographiques.
La rade de Cherbourg est maintenant aussi le théâtre de la salmoniculture, une des branches les plus prometteuses de l'aquaculture.

— 230.

Chaque mois de septembre, se tient à Lessay la Foire de la Sainte-Croix, fête millénaire dont le marché aux chevaux et aux chiens se double d'une kermesse populaire. Pittoresque et animée c'est l'une des manifestations les plus typique de Normandie. Les maquignons discutent longtemps sur les qualités et les défauts d'un percheron avant de conclure l'affaire.

— 210.

Est-ce à Villedieu-les-Poêles que Planquette eut l'idée de composer « Les cloches de Corneville ? » La fonderie est toujours en activité. Au XVIIᵉ siècle le travail du cuivre était la spécialité des industries locales qui fabriquaient des ustensiles domestiques. Aujourd'hui, l'artisanat s'est recyclé dans le « souvenir ».

— 218.

Entre mer et campagne, le Val de Saire avec ses vergers, ses prés, ses boqueteaux donne l'image d'une Normandie onirique. L'écrivain

René Bazin, dont les livres avaient — disait le critique Henri Clouard « des faiblesses d'aquarelle » a parlé du « sourire » de ce val de Saire, sourire à peine esquissé dans la brume matinale.

— 220/221.

Curieux archipel que celui des îles Chausey ! Une cinquantaine d'îles dont une seule est habitée. Hors de la saison touristique 6 personnes habitent la Grande Ile dont la modeste superficie : 2 kilomètres de long sur 700 mètres dans sa plus grande largeur, accueille l'été une centaine de vacanciers. C'est avec le granit brun extrait des roches de ces îlots qu'ont été construits les monuments du Mont Saint-Michel. Sur la côte Est de la Grande Ile se trouve le fort, que Louis Renault a édifié sur les ruines de l'ancien datant de 1558.

231.

C'est ici que, dans la nuit du 5 au 6 juin 1944, les troupes aéroportées, commandées par le général Ridgeway, ont donné le départ de l'opération « Overlord » qui marquait le début du débarquement. De ce jour, Sainte-Mère-Eglise ne devait plus seulement sa réputation à ses seules races bovine et chevaline, mais aussi à ce haut fait d'armes de la dernière guerre. Sur le clocher de l'église un parachutiste resta accroché une nuit entière :

sa nuit la plus longue ! La solide église des XIᵉ et XIIIᵉ siècles a été miraculeusement épargnée. Le vitrail du maître-verrier Loire, célèbre l'héroïque épopée militaire des parachutistes américains.

— 232.

Utah Beach a vu débarquer la 4ᵉ division américaine, première vague à laquelle a succédé les 90ᵉ, 9ᵉ et 79ᵉ divisions d'infanterie. Le 7 juin 1944, Carentan était prise et les troupes faisaient leur jonction avec celles débarquées à Omaha Beach. Trois semaines plus tard, toute la presqu'île du Cotentin était libérée. Canons, chars témoignent de ce que fut la fantastique opération de débarquement annoncée la veille par la B.B.C par le message « Verlaine », *Les sanglots longs des violons de l'automne...*

— 233.

Sur son monticule, l'énorme cathédrale de Coutances, semble svelte. La place, que la guerre a agrandie, permet avec le recul, d'en admirer l'élan. Triomphe du gothique normand, et l'un de ses plus beaux exemples. Ce miracle du XIIIᵉ siècle, dont Vauban assurait que son architecte était « un fou sublime » lance ses flèches à 77 mètres et certains supposent que la lanterne qui culmine à 57 mètres n'est sans doute que le fût duquel devait partir le support d'un coq projeté à

100 mètres de haut !

— **234.**

Bien que restauré au XIXe siècle, Tourlaville garde son aspect de fine demeure de la Renaissance. A la fin du XVIe siècle le château a été le théâtre d'un scandale : les amours incestueuses de Julien de Ravalet et de sa sœur Marguerite. Le couple maudit finira sur l'échafaud. Le destin tragique de Julien et Marguerite a été ébauché par Jules Barbey d'Aurévilly et Théophile Gautier. Un parc à la végétation exotique quasi-tropicale, entoure le château. Jardins, pièces d'eau, futaie de hêtres, évoquent, plus que les salons, le court bonheur des amants maudits.

— **236.**

Les hautes falaises et les dunes de la côte occidentale du Cotentin sont peu propices à l'accostage des bateaux. Le petit port de Diélette est l'unique point où peuvent relâcher les pêcheurs sur cette côte inhospitalière entre Goury et Carteret.

Le château de Blanchelande est une ancienne abbaye, cachée au fond des bois, dans les environs de La Haye-au-Puits. On dit que les prémontrés n'y avaient pas une conduite exemplaire et qu'il reste ici des souvenirs qu'il vaut mieux ne pas évoquer. La porte à double ogive s'ouvre sur une maison qui a été refaite et dans laquelle vit une communauté. Blanchelande, lande blanche, ce nom poétique ne fait-il pas songer à l'éveil de la nature dans la brume matinale au pays de Barbey d'Aurévilly ?